世界にひとつの、心を包む袋

仕覆作りは
茶道の楽しみ、
暮らしの彩り

田中真紀子
Makiko TANAKA

a book of beautiful
SHIFUKU

仕覆の世界へようこそ。
welcome to beautiful
SHIFUKU world

はじめに

　仕覆を作ってみませんか。
　「仕覆」とは茶入を包む袋のことです。茶の湯をなさっている方ならお分かりになるでしょう。初めてその言葉を知ったという方も多いことと思います。この本は、茶の湯をなさっている方にも、またそうでない方にも、日本には長い時間をかけて育まれてきた、仕覆という美しい世界があることを知ってもらいたいという思いを込めて作りました。そして、自分の持つ茶道具や、暮らしの中で大事に使っているお気に入りの品々などに、自分だけの仕覆を作ってみたい、と思っていただけたらうれしいです。
　自分で作った仕覆に包まれた茶道具でお茶を点てることで、会話も弾み、茶の湯の楽しみがさらに増すことでしょう。お気に入りのぐい呑みを仕覆に包んで持ち歩くのも面白いでしょう。大切な家族の思い出の品を、仕覆に包んでいつも自分のそばに置いておく、それだけで温かい気持ちになれるのではないでしょうか。
　暮らしをなごやかに彩ってくれる、世界にひとつの、心を包む袋「仕覆」の世界をどうぞ楽しんでください。

仕覆作りは茶道の楽しみ、暮らしの彩り　目次

3　はじめに

茶籠で愛でる仕覆
7

Tea basket 1　茶籠は小宇宙　8
Tea basket 2　緑と風を感じる手提げの野点籠　18
Tea basket 3　茶箱に見立てた1世紀前のミャンマーの容れ物　24

30　column1
　　茶の湯と仕覆の、切っても切れない関係。

暮らしによりそう仕覆
33

N_01　こころなごむ北欧ビンテージの
　　　陶磁器を茶道具に　34

N_02　大人になった今だからこそ
　　　伝えたい、父への礼節　40

N_03　ぬくもりのある母の手仕事に
　　　新しい息吹をふきこんで　42

N_04　手みやげ・家飲み・おもてなしの
　　　カンバセーションピース　44

N_05　大人の遊び心を刺激する、
　　　ポップでモダンな表情　46

N_06　目もこころも離せなくなる、
　　　小さな容器　48

N_07　チャームがいっぱい詰まった、
　　　抹茶茶碗のための仕覆　52

N_08　懐にしのばせるだけで、
　　　密やかに笑みがこぼれる　56

N_09　だから、愛を込めて　62

50 column2
仕覆をできるだけ多くの人に、
色々な形で知ってもらいたい。

64 column3
茶の湯を知るにつれ、
仕覆作りに生かしたいと強く想う。

65 仕覆作りの道具と基本の縫い方

71 基本の作り方
採寸と型紙作り 72
仮縫い 80
本縫い 裏袋作り 84
底付け 87
表袋作り 90
綿入れ 94
紐を付ける 98
最後の仕上げ 104

107 魅せる紐結び

110 イメージを決めるのは、
器と紐と布との取り合わせ

114 column4
骨董は我が家の小さなファインアート。
布は仕覆作りのベターハーフ。

119 田中真紀子さん、
仕覆作りの旅に出る。

126 おわりに

茶籠で愛でる仕覆
SHIFUKU
for a tea basket

Tea basket 1
茶籠は小宇宙
Authentic basket for Chanoyu

手のひらにおさまるような茶籠の中に広がる、仕覆の世界をご紹介します。
時間をかけてひとつひとつ集めた籠や茶道具などに、
それぞれの個性や雰囲気に合わせた仕覆をまとわせました。

茶籠の魅力は、手軽に抹茶が楽しめること。初期伊万里の乳白の菊皿にお菓子を用意してお茶を点てると、なごやかな雰囲気につられて七福神さまもおしゃべりにやってこられました。

「茶籠を組む」ことは数寄者の究極の目標だそうで、大それたことをはじめてしまいました。でも、気に入ったものを少しずつ集め、自由に取り合わせて籠に収まるか悩んだりする過程はとても楽しいものです。

時代籐組茶籠

安南絞手茶碗

唐物古七宝茶巾筒

黒柿茶杓

茶筅筒

アンティークラリック
マーガレット蓋物替茶器

李朝葉型墨汁入

唐物文琳茶入

四分一銀象嵌根付

わたしの茶籠のテーマは「グローバル茶籠」。時代も国もさまざまな道具が集まりました。
道具の個性に合わせて布を選び、紐との相性を考えながら仕覆を作れることはとても幸せです。

安南絞手の茶碗を
紅型古裂の仕覆で

安南とは、今のベトナムの古称です。色あざやかな紅型の古裂を手に入れた時に、この安南茶碗に添わせたいなと思いました。地理的にも近い琉球とベトナム、東南アジアの国々は、当時から物品や文化交流が盛んに行われていたのではないでしょうか。そんなことにも思いを馳せながら布を選ぶのも、仕覆作りの楽しさのひとつです。

唐物文琳茶入の茶器を
牡丹唐草銀襴の仕覆で

文琳茶入とは、りんごの形状をした茶入を指します。茶の湯においては、格の高い道具のひとつである「唐物」(おもに中国大陸から輸入された品物の総称)と呼ばれる茶入ですが、そのコロンとした可愛らしさと小ぶりな大きさから、やわらかな色合いの牡丹唐草模様の銀襴を選びました。

ラリックの茶器を
上品な和更紗の仕覆で

繊細なマーガレット模様がほどこされたアンティークラリックの蓋物を、替茶器に見立ててみました。ガラス越しに透ける緑色の抹茶が、涼感あふれる夏場のもてなしにひと役買ってくれそうです。ヨーロッパ更紗を模した和更紗を合わせています。

古七宝の茶巾筒、李朝葉型墨汁入の振り出しを
インド更紗の仕覆で

茶巾筒や振り出しは、小さいからこそアクセントになるような布選びを考えました。わずかな分量しか入手できなかった貴重なインド更紗を工夫して愛らしい仕覆が完成。振り出しに見立てた李朝の墨汁入は、綿に浸した墨汁を入れる携帯用の容器。墨がこぼれないようにカチッと音がして閉まる優れものです。振り出しを探し続けていた時に出会った思い出深い品。

四分一銀象嵌根付を
牡丹唐草の袋で

香合に見立てたのは、四分一銀象嵌根付です。小さな根付にほどこされた細かな象嵌の技術には驚嘆するばかり。茶籠のアクセントにもなりますね。茶入の紐とお揃いの薄萌葱色の牡丹唐草の布を選びました。

黒柿の茶杓の袋を
古渡金更紗写の古裂で

桃山時代から江戸時代にインドや中国、ヨーロッパ等から渡来した布は古渡として珍重されました。茶杓袋に使用した布は、古渡金更紗を写した大正時代のもの。インドネシアの金モールの格子布で作った古帛紗とともに。

茶籠仕覆　白地に赤い花の菱つなぎ模様のインド更紗

茶籠の仕覆はボリュームが大きいので、布選びや模様の取り方次第でいろいろな表情が楽しめます。
目の詰まったしなやかな木綿布に茜色の美しい染色は、インド更紗にしかあらわせない貴重なものでした。

内貼　江戸時代刺繡裂

気に入った古裂で茶籠の内貼をするのも楽しみのひとつ。江戸時代の小袖の刺繡裂を内貼しました。
内貼は、美しく見せるだけではなく、中に収める道具を保護し、籠の強度を上げる役割もあります。

背景の布地について
カンボジアの絹絣の織物で、女性の腰布に用いられるものです。在来種の蚕の繭（黄金繭）から引かれた絹糸、天然染料を用いた絣の伝統は、内戦により壊滅的な打撃を受け、今では再現が難しいもののひとつとなっています。

あまり見せることのない裏袋の内側ですが、松竹梅の裾模様をあしらいとして底柄にしました。こんなところに遊び心を加えられるのも、仕覆作りの楽しみ。作り手のこだわりが詰まっている、ひそかにニンマリする瞬間です。

Tea basket 2
緑と風を感じる
手提げの野点籠
Picnic bag for a sunny day!

ピクニックスタイルの小ぶりな
野点籠は、バッグなどに入れて
持ち歩けるので便利です。
収納力も高く、茶筅は
ちょこんと外付けになっています。
お天気の気持ちのいい日に、
ベランダや乗り物の中でも
気楽にお茶を楽しんでください。

野点籠で
コーヒーブレイクを
景色を軸に見立てて、風を感じながらいただくお茶はほんとうに美味しいもの。ひとりで静かに過ごす時間にも、気持ちのいいおもてなしにも最適です。

背景の布について
赤い布（P18）はインドネシア・ロンボク島の格子布、青い布（P19）は日本の藍の格子布。日本にはもともと縞の呼称がなく、16世紀以降、縦縞、横縞、格子縞などの渡来した縞地の織物を島渡り、島物と呼んだことから「縞」と呼ぶようになったという説があります。縞模様は、産地や色、幅など組み合わせが多彩で表情豊かです。

茶杓を鬼手のインド更紗の袋で
胡麻竹の茶杓は組み立て式のもの。小柄のインド更紗で袋を作りました。鬼手とは、やや太目の糸で織ったざっくりとした風合いの布地のことです。

御本立鶴茶碗写を
草花模様の和更紗で

和更紗はあせた淡い色合いが優しい雰囲気となり、わたしたち日本人の好みに添うものかと思います。その実態はまだ染色技術が高くなかった江戸時代の職人が、色を定着させる方法を知らなかったためです。水にくぐらせるとどんどん退色してしまう和更紗ですが、そのおかげで日本人好みの古裂になったというのも、不思議な面白さです。

梅の蒔絵の小棗は
同じ梅紋の仕覆で

浮き織りの裂を見つけ仕覆にしました。小さな梅紋が、小棗の大きさによく合いました。

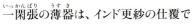

一閑張の薄器は、インド更紗の仕覆で

このインド更紗は、端切れではなく元は長さ3メートル近くもある大きな一枚ものの布です。完全な形で今まで残ってきたことを考えると、なかなかハサミを入れる勇気が出なかったのですが、大きなシミや破れがあちこちにあったので、この機会に思い切って使ってみました。その甲斐あって赤い小花が愛らしい表情の仕覆となりました。

この野点籠は、友人のおばあさまがお持ちだったもので、直径は10センチ足らず。丁寧に集められた道具類が次から次へと取り出される時に、友人が笑顔になってもらえるような布選びをしました。布と紐は、青・黄・赤と遊んでいます。

花唐草文様鬼手インド更紗
おばあさまから譲り受けた野点籠を新しい持ち主にふさわしいように、若々しく華やかな花唐草文様の布を選び生まれ変わらせました。

時代野点籠

梅蒔絵小棗

一閑張薄器

御本立鶴茶碗写

胡麻竹茶杓

象牙蓋物

Tea basket 3
茶箱に見立てた1世紀前の
ミャンマーの容れ物
I love the ethnic atmosphere

蚤の市でひと目で気に入ったビンテージの容れ物は、100年近く前のもの。
アーモンド型で、丁寧に竹で縁取りされた漆塗りの蓋付き木製容器です。
仕覆につつまれた酒席セットが、おんな友だちと一献を
かたむける時間に華を添えてくれます。
心を砕いた月夜のもてなしが、
きっと素敵な思い出になるでしょう。

根来の古い豆子に格子の仕覆を

豆子とは、小ぶりの筒型の塗椀（P27右下）で、かつては菜の物を盛ったり、酒器として使っていたようです。白地の杯2客を重ねてみると、この豆子にぴったりと組み入れることができました。根来塗の朱色が映える、濃いからし色とえんじ色の格子の仕覆を合わせました。小さな杯で物足りない方は、根来の豆子でお酒をたっぷり楽しんでください。

**李朝の白磁壺を
インド更紗の仕覆で**

小さな李朝の白磁壺は、塗り蓋を付けて茶籠の茶入にも見立てて使っています。月夜の酒席ではなんと柿の種！を入れてみました。小さい割に深さがあり、たっぷりと入ります。仕覆は、小花模様のインド更紗。布と李朝壺の白さを引き立たせるように、純白の紐を選んだら、凛とした姿になりました。

梅型の縮緬(ちりめん)のへだて

「へだて」とは、器と器の間に入れてガタガタしないように保護する仕切りのことです。根来の豆子と杯の間に、梅型にした縮緬で作りました。この生地は、場所によって市松模様の出方が違っていたので、リバーシブル使いのコースターとしても、楽しめます。

ミャンマーの茶箱は
インドネシアの古裂で

厚手のインドネシアの古裂は、藍の地色に桃花色のドット柄が気に入りました。紐もドットの色に合わせています。布の端の、模様のパターンが異なっているのも特長でした。アーモンド型の容器にぴったりくる柄合わせを考えている時に思いついたのが、「片身替り風の仕覆」でした。型紙の取り方を工夫して、特に底柄の表現には気を配ってみました。サイズの大きい仕覆は、このように遊んでみるのも楽しいものだなと、改めて感じています。

背景の布地について
インドネシア・スマトラ島のジャワ更紗です。インド更紗はインドネシアにも輸出され、その影響をうけて制作されたものがジャワ更紗として広まっています。﨟纈染めが特徴で、バティックとも呼ばれています。

「茶籠は、自由な発想で組んで身近に楽しめるもの」。
3つの茶籠を通じて、そんな風に感じていただけたらと思っています。
そして、そんな茶籠の中身ひとつひとつに「仕覆」という
衣装をまとわせる、という楽しみを加えていただけたらとても嬉しいです。

column 1

茶の湯と仕覆の、切っても切れない関係。

　「仕覆」という言葉をご存じだったでしょうか。仕覆とは、抹茶を入れる茶入を包む袋として、室町時代くらいから500年以上も脈々と作り続けられてきた日本独自のものです。「仕服」と表記されることもあります。茶の湯では、茶入とともにその仕覆に使われている裂(布)の種類などが、見どころのひとつとして大切に扱われます。

　私が初めて手に取った仕覆は、小さな古い蒔絵の香合を包んだものでした。その時、茶入だけでなく茶碗や香合な

仕覆：ゴマ手白地花唐草文様和更紗（ごまでしろじはなからくさもんようわさらさ）

どを保護するために包む袋も、仕覆と呼ばれていると知りました。仕覆作りを始めてからは、もっと仕覆のことを知りたいと思うようになり、茶の湯の稽古を始めました。

　すると、美術館に収められている有名な茶入に添う美しい仕覆の数々にも自然と目が行くようになりました。茶入がどのような持ち主を経て今に伝わり、なぜそれほど珍重されたのか、持ち主がどんな古裂(こぎれ)で仕覆を着せたのかなどに興味を持ちました。歴史的な背景を調べて意外な交友関係を知り、使われた古裂(こぎれ)とその人のセンスを勝手に想像したりするのがとても楽しくなり、仕覆の世界に魅せられていきました。交易を通じてインドや中国、ヨーロッパの国々から、それまで日本では見たことのなかったエキゾチックな文様や色使いで染織された布を目にした当時の人々は、大いに驚き憧れたことでしょう。

　安土桃山時代には、天下統一にしのぎを削っていた武士たちが、剣術の研鑽を積む一方で茶の湯に親しみ、一国に相当するような価値のある茶入を褒美にもらい感激したといいます。それにふさわしい貴重な布を探し求めて仕覆を作ることにも心を砕いたなどと想像すると、何かとても微笑ましく彼らが身近に感じられたりします。

　東京の畠山記念館で松平不昧公(まつだいらふまいこう)の所持していた唐物(からもの)肩衝茶入(かたつきちゃいれ)「油屋(あぶらや)」と6種類の仕覆、その仕覆を収める箱などの付属品一式を見ました。参勤交代の際に持ち運ぶために、入れる順番まで記載された笈櫃(おいびつ)(背負って持ち運ぶ箱)の展示は、とても興味深いものでした。日本の宝物というべき貴重な茶入を大切に保管し、後世に伝えようとする気概が感じられ、日本人の「ものを大切にする」という思いが、このように仕覆が長きにわたり作られ続けてきたゆえんのひとつでもあると思っています。

　仕覆作りを通じて、茶の湯のことはもちろん、布のこと、歴史や持ち主などにも思いをはせ、興味を広げていただければ、美術館に行く楽しみも増すのではないでしょうか。

暮らしによりそう仕覆
everyday life with
SHIFUKU

N_01
こころなごむ北欧ビンテージの陶磁器を茶道具に
Tea party with a Nordic atmosphere

北欧のライフススタイルやアイテムが大好きな方は多いのでは?
私もいつの間にか、気持ちが惹かれるものの多くに
北欧のものが多いなと気づきました。手になじむ感触や、
アースカラーの優しい色彩、素朴な雰囲気……。
そばに置くだけで、気持ちもなごやかに
優しくなれる北欧の器を茶道具に見立ててみました。

東洋陶磁や茶陶への
深い関心から生まれた北欧の器たち

主に、50年代から60年代に作られた器たちです。当時、北欧では陶芸がちょっとしたムーブメントで、多くの有名作家を生み出した時代でもありました。小ぶりな茶碗（a・b）は、2碗重ねて茶籠に仕込むことができる大きさです。ビンテージの筒型の器（c）は、美しい赤がアクセントになるだろうと、木蓋を付けて茶入に見立てました。ロイヤルコペンハーゲン（d）の小壺は、繊細な絵付けがほどこされており、蓋を付けて振り出しに見立てました。サクスボーの馬上杯（e）は、杯のほかに向付として、酒肴を入れても楽しめそうです。

a. 茶碗／ロールストランド製陶所
グナ・ニールンド作（スウェーデン）
b. 茶碗／グスタフスベリ製陶所
ベルント・フリーベリ作（スウェーデン）
c. 茶入／作者不詳
スウェーデンのビンテージの器
d. 振り出し／ロイヤルコペン・ハーゲン社
ニルス・トーセン作（デンマーク）
e. 杯・向付／サクスボー窯
エバ・スタイ・ニールセン作（デンマーク）

2碗の対比を考え、ニールンドの茶碗の色に合う黒地のヨーロッパ更紗を選びました。どことなくノエルも感じさせ、聖夜の茶会にも合いそう。錆朱色の紐で引き締まった印象にしました。

北欧ビンテージの器に木蓋を付けて茶入に見立てました。「赤い花が描かれた古渡金更紗写のブルーグレー地の布が器の赤に合う!」とひらめいて、すぐに作ったお気に入りのものです。

縞に子持ち菱の付いた大正更紗です。この更紗は、近代になって機械化が進み、細かい連続模様の更紗が大量生産できるようになった時代の古布です。

青磁のようなフリーベリの色を、仕覆のどこかに表現したいと思っていた時、ヨーロッパ更紗の小花に綺麗な浅葱色を発見しました。上から見ると四角形で、形状にぴったりと合いました。

振り出しにはベージュの糸で網袋を作りました。網袋はまだまだ初心者の拙いもので今後に期待。

目をみはる北欧のセレクトが充実、柳橋のルーサイトギャラリー

　昭和初期の流行歌手（江戸小唄）だった市丸姐さんの居宅を現オーナーの米山明子さんが引き継ぎ、ギャラリーとして2001年オープン。「祖母と市丸さんが友人で幼い頃から出入りしていた馴染みの場所でした」と米山さん。隅田川を見渡せるロケーションが気持ちよく、建物の佇まいには古き佳き時代感があふれます。米山さんが父親の仕事の関係で少女時代を過ごしたという、N.Y.で買い付けてくる北欧の器をはじめとする商品や、年数回伊勢丹や三越で開催される企画展が魅力的。高い審美眼で選ばれた「一期一会」の1点ものばかりが集まります。たとえ骨董を知らなくても、北欧アイテムや茶の湯が好きならば、ぜひ散策がてらの訪問がおすすめです。時代を超え、人の手を通してたどり着いた自分だけの逸品に出会えるかもしれません。

Makiko's voice

隅田川沿いのレトロな雰囲気の建物でのさまざまな企画展が楽しい！
特に年に一度の北欧展で
米山さんセレクトの作品たちとの出会いに
驚きや刺激をもらっています。

ルーサイトギャラリー
東京都台東区柳橋1-28-8
tel 03-5833-0936

N_02
大人になった今だからこそ
伝えたい、父への礼節
For my dearest Daddy

年を重ねた父に何か贈りたいと思った時、
現役時代にプレゼントしたフランス製の
洒落た柄のネクタイを見つけました。
リタイアして以来、クローゼットで眠っていた
その1本は、まるでわたしの手で生まれ変わらせて
くれるのを待っているかのように感じました。
ちょっとしたアテとお酒を楽しむ父の大切な時間に、
少しだけ娘の気持ちも添えられたら。

波佐見焼の青葉さんのぐい呑を
コアラ柄ネクタイの仕覆で

80年代、オーストラリアとの仕事をしていた父にプレゼントしたエルメスのコアラ柄ネクタイです。シルクの布地は滑りやすく、縫うのは思った以上に難しいものでした。ただ、細かな図柄は小さな仕覆には使いやすいと感じたので、出番のなくなったネクタイを思い出のひと品としてよみがえらせるのも楽しいのではと思います。

N_03
ぬくもりのある母の手仕事に
新しい息吹をふきこんで
Homage to my girlhood

たまご型の小さな桐箱に
思い出の生地を合わせて

実家のダンボール箱に、母が洋裁で使っていた布の端切れが山のように取ってあるのを見つけました。まさに、わたしの布好きのルーツはここにあったのかと思わずクスッとしてしまいました。この人形も布団といっしょに大切にしまわれていたもので、ボタンが取れて虫食いもありましたが、アクセサリーケースの仕覆として息を吹き返してくれました。人形とともに大切にしていきたいと思っています。

幼い頃に、わたしたち姉妹のために母が作ってくれた、お人形の洋服と同柄の布団を使って仕覆を制作してみました。洋裁が大好きな母が選んだ生地は、神戸の輸入生地の店で買い求めたものだったと記憶しています。今見ても小さな花柄がチャーミング。妹とおそろいで購入したアクセサリーケースをドレスアップしました。

京都の箱藤商店の「たまご箱」

桐箱の外と内には、桜（左）とクリスマスローズ（右）の絵付けがほどこされています。ふたつに割れる姿も可愛らしく、とても気に入っています。

とっておきのワインを仕覆に包めば
ワイン会No.1のキラーアイテムに

「紙袋から出すだけでは芸がない。仕覆に包んで驚かせたい！」という友人のひと言から生まれたものです。集めていたグラフィカルなビンテージ布が、大きなサイズ感にあざやかに映えました。逆に、表布を無地や模様の少ないシックな布にして、開いた時に見える裏布に、使わなくなったネクタイを活用して、模様を見せるのもアイデアです。

ワイン片手に他愛のない会話をする、
大好きな人たちとのそんな時間が大好きです。
茶の湯を楽しみ、その道具にまとわせる仕覆が
存在するのと同じように、大きなボトルをすっぽりと
包んでしまう袋があってもいいのでは？
卓上に華やぎを添えるジオメトリック柄、
話題性は十分、ワインにも大満足……
これでミッション完了！

ソムリエナイフの袋は、
19世紀のヨーロッパ更紗で

きっかけは、友人のお母さまが
英国発祥のトランプゲームの一種、
コントラクトブリッジにはまっていると
聞いたことでした。時折「ブリッジ合宿」
が行われ、年配の方々が
食事そっちのけで熱中しているとか。
自宅でも旅先でも、みんなで楽しめる
トランプが、アメリカンビンテージ風の
りんご柄の袋から出てきたら
会話も和やかに弾むのではないでしょうか。

N_05
大人の遊び心を
刺激する、
ポップでモダンな表情
Let's enjoy and have a
conversation!

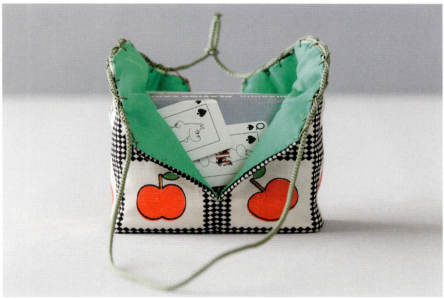

りんご柄の仕覆に包まれてトランプもチャームアップ

わたしも、お下がりで妹も気に入って着ていた母お手製のワンピースのあまり布で作りました。数十年は経過したビンテージ布は、実家に保管されていたもののひとつ。いろいろな方向を向いたりんごに、黒白のギンガムチェックがエッジを効かせたポップな柄は、今見ても新鮮です。トランプの四角にぴたりとはまりました。裏地と紐には、葉色をイメージしたアップルグリーンをあしらい、開けた時の驚きも添えています。

N_06

目もこころも
離せなくなる、
小さな容器
Little casket is
necessary to my life

茶籠に魅了されてから、他愛のない、
でもどこか雰囲気のある小ぶりな
蓋付きの容器を見つけると、
茶入や振り出しにできるかなと考えます。
旅先や、何気ない街歩きで出会うと、
連れて帰らずにはいられません。
小さな器の小さな仕覆を作るのは
少し大変ですが、出来上がった時の
愛らしさはひとしおで、
感動はとても大きいのです。

※cはP21/dはP13でご紹介しています。

a「満月」と命名した古瀬戸の
合子(ごうす)に茜色のインド更紗を

プチトマトのような可愛らしさが気に入っています。この鬼手更紗は少しの分量しか手に入らなかったので、小さなものにと考えて作りました。合子は、小さな蓋付きの器のこと。身と蓋はぴったり合うのですが、大きな金直しがあります。その金直しがどこか満月のお月様のようで表情があり、銘を「満月」として金平糖を入れて楽しんでいます。

b 古渡更紗写の古裂が
引き立てるのはイギリスアンティーク

蚤の市で出会った素朴なイギリスの蓋物です。色合いが、アジアの独楽塗りにも似ていますよね。蓋はまわしてしっかり閉められるので薄茶器にも見立てられます。仕覆には、大正時代の古渡更紗写の赤地の古裂を使いました。描かれた花の模様がとてもチャーミング。底の模様づかいもぜひご覧ください（P93）。

49

仕覆をできるだけ多くの人に、色々な形で知ってもらいたい。

　小さな茶箱を富士山に持って行き、山頂でお茶を点てて楽しんだ、という知人の話を聞いて「なんてお洒落な楽しみ方があるのだろう。やってみたいな」と思ったのが、茶箱に興味を持ったきっかけです。いろいろと調べるうちに、工夫を凝らして組み上げられた茶箱の道具は、それぞれの雰囲気にぴったりと似合う、美しい仕覆に包まれていることを知りました。茶箱とその道具たちが、持ち主の個性でトータルコーディネートされるものだと知った時、道具集めに始まり、仕覆の布選びや色の取り合わせを考え、自分好みの茶箱を組むことに夢中になりました。何より仕覆に包まれた道具ひとつひとつを茶箱から取り出し、披露する楽しさといったら！

　自己満足の世界かもしれませんが、茶の湯をご存じの方も、そうでない方も、みな総じて笑顔で喜んでくださるので、それを見ているだけでも幸せな気持ちになり、仕覆を作った甲斐があったなと思う瞬間です。

　富士山での点前はまだ実現しませんが、海外の旅先や、外国人の友人にも茶箱を披露すると、ティータイム、コーヒーブレイクと同様の感覚で、抹茶にもとても興味を持ってくれます。仕覆をはじめて知ったという方がほとんどですが、外国の方の中には、例えば日本の布に造詣が深い方もおられ「これは"型染め"ですか」「"和更紗"ですか」など、日本語の専門用語を使って矢継ぎ早に質問を受けることもあって、その知識の深さにこちらがびっくりすることも

多くあります。骨董に関心を持つ中で、古くから伝承されてきた素晴らしい手わざの数々を後世に受け継ぎ、広めていきたいという思いも強くなりました。東京オリンピック開催を前に日本への観光客もますます増え、日本の文化や伝統への関心もこれまで以上に高まる中、外国の方々にも「仕覆」という日本独自に伝承されてきた、美しい手仕事があることをぜひ知ってもらいたいと思っています。

　一方、日本人でも仕覆を知らない方が私のまわりでも多いと感じています。若い方から「仕覆は、古裂を使わなくてはいけないのですか」「お茶道具を持っていないのですが、仕覆は作れますか」という素直な問いかけをいただいたこともあります。古裂には高価なものも多いため、もっと身近な布地をうまく使って、自分が大切にしているものや、思い出の品などを包むために、仕覆を作ろうということになれば、もっと気軽な気持ちではじめていただけるのではと感じています。

　仕覆作りを通じていろいろな気付きがありました。本書では、使わなくなったネクタイや着なくなった子供服の布地などを用いたり、ワインやトランプといったわたしたちの暮らしの中の身近なものに仕覆をつける、といった提案をさせていただきました。ともに時を刻んできたアイテムたちが、仕覆となって姿形をかえ、たくさんの思い出とともに、ふたたび人生に寄りそってくれる。とても素敵なことだと思っています。

N_07
チャームがいっぱい詰まった、抹茶茶碗のための仕覆
I have been this way a long time

2種類の鬼手のインド更紗で片身替りの仕覆に

古唐津の茶碗は、穴の空いた陶片で呼び継ぎ(*)をしている面白いものです。継いだ部分に青海波の蒔絵があり、大切に受け継がれてきたものだとわかります。変形の茶碗で左右の形が異なり、型紙作りには苦労しましたが、同時代の布を合わせてみると、色味も馴染み不思議と違和感がありません。紐も二色使いにしました。

*呼び継ぎ 異なる陶片で欠けた部分を継ぐ金継ぎの手法のひとつ。

ちょっと恥ずかしいなと思いましたが、
「とっても温かみがあって、仕覆が身近に感じられる」と
友人から言われたので、思い切ってご紹介します。
修行時代の、未熟な感の否めない仕覆たちですが、
撮影していただいたら表情ゆたかであることに気づかされました。
いろいろな経験が、今に通じている道だったのだと思います。

貴重なインド更紗に挑戦した思い出深い作品

李朝三島手の茶碗に、インド更紗の仕覆を付けています。修行の過程では、最初は手持ちの布や大正更紗などを使っていましたが、初めて貴重なインド更紗に挑戦した仕覆です。布を裁断する時に緊張したことなどを思い出しました。

モダンな顔した
現代紬の縞模様

初期作品で、布地も練習用のものだと思います。縞の模様合わせが難しかったことを思い出しました。茶碗は、偶然にも、今回「作り方」でご紹介した(P106)西岡良弘さんのお父さまの、西岡小十さんの斑唐津です。両親がもっていたものを、仕覆作りの練習用にゆずりうけたもの。不思議なめぐり合わせです。

ふだん使いも仕覆をまとえば
ちょっと背伸びした雰囲気に

大きさの異なる2種類の萩茶碗は、いつでも抹茶が楽しめるようにと購入した気軽なもの。ペアグラスならぬペア茶碗となるように、模様違いで赤と青をベースとした大正更紗を使いました。穴があったら入りたい仕上がりですが、「こんな仕覆を作ってみたい！」「布の風合いが優しくてとてもなごむ」と言っていただきました。

N_08
懐にしのばせるだけで、
密やかに笑みがこぼれる
Imagine for precious evening time!

「自分だけのぐい呑みを鮨屋へ持って行きたい」
と、酒器の仕覆をリクエストされることもしばしば。
今や日本酒を楽しむ人はグローバルに広がっています。
小さな酒器をそれぞれのお気に入りの
仕覆に入れて持ち寄れば、それだけでも
お酒を飲む前から、楽しくなりそうです。

a b c

a. 小花模様のヨーロッパ更紗
b. 幾何文様の大正更紗
c. 蜀江文様(しょっこうもんよう)(＊)の和更紗
d. 青地小花模様の紅型
e. インドネシアの格子
f. ばら模様のヨーロッパ更紗

＊**蜀江文様** 中国蜀江錦に織り出されている文様で、

暮らしの器も勢ぞろいすれば
卓上が華やぎ、心もうるおう

ひとつひとつ材質や形の異なるぐい呑みに、仕覆をまとわせ勢ぞろいさせてみると、自宅のコーナーがちょっとしたアートギャラリーのように見えてきます。ぐい呑みのイメージにより添った仕覆がお互いの個性を引きたて、愛着が湧いてきます。酒器のようなサイズが小さい器は、少ない分量の布でも作れるので、ちょっと高価だったり、貴重な布を思い切って使ってみるには、いい機会ではないでしょうか。

a　b　c

a. エミール・ガレのリキュールグラス 初期の作品で、「オダマキ」がエナメルと金彩で描かれている。 **b.** 絵志野の向付 **c.** 白磁輪花馬上杯（中国元時代） **d.** エミール・ガレのリキュールグラス 初期の作品で「アネモネ」がウランガラスに描かれている。 **e.** 亀甲花紋 古伊万里猪口 **f.** （左）ルネ・ラリックのリキュールグラス「ニッポン」（右）ルネ・ラリックのリキュールグラス「コクリコ（ひなげし）」

華奢なラリックグラスには
可憐なばら模様を

P56では仕覆が6個だったのに、P58でぐい呑みが7個あるのはどうして？と思われたかもしれません。実はこの2客は、へだてをはさんでペアで収められるように作りました。めずらしい地紋のある、19世紀のばら模様のヨーロッパ更紗を選びました。パートナーと、仲良しのお友だちと、ふたりで楽しむお酒に華やぎを添えてくれるでしょう。

背景の布地について
インドネシア スマトラ島のジャワ更紗ですが、花模様の版で金泥が押されている美しいものです。写真からもその力強さと存在感が感じられます。

N_09
だから、愛を込めて
My first dream

私を仕覆作りの世界へ導いてくれた
記念すべき第1作です。
夢中になって作ったことを思い出しました。
今見ると、よく言えば初々しいのかなと思います。
悪いところをあげたら……キリがなさそう。
でも、この本の担当編集者の方が
「真紀子さん、水玉っぽい生地も形も
可愛いし、出さないのは勿体無いですね」
と言ってくださったので、
思い切ってご紹介します。

**無我夢中の初作は、
ドット柄の大正更紗でした。**
初めての仕覆作りで、どんな布が
いいのか右も左もわからなかったの
ですが、ストライプの地模様に、赤
青緑の丸紋がなんともキュートで、
李朝の白磁壺の肌色に合うのでは
と選びました。手間ひまと情熱を注
いだ分、出来上がった時の感動も、
愛おしさもひとしお。これがわたしの
仕覆作りのスタートとなりました。

茶の湯を知るにつれ、仕覆作りに生かしたいと強く想う。

　茶の湯の稽古を重ねるにつれ、その奥深さを知る日々です。静寂な空間で松風に耳を傾けながら静かにお茶を点て、いただく時間は、ある時は自分を見つめる時間、ある時は何も考えず無心になれる時間、ある時は友人との和やかな会話を楽しむ時間、とその時どきに異なりますが、どれも私には大切な時間です。季節ごとに趣の異なる茶会に参加して、床のしつらえや茶道具の取り合わせを愛で、茶入の仕覆を拝見する機会も増えました。その度に、禅語の意味や花の名前を知り、茶道具の種類や仕覆の裂を覚えるなど、新しい学びの出会いがあることは本当に楽しく、茶の湯の魅力のひとことなっています。

　未熟ゆえ、「次は柄杓を構えて…」など、まだまだ点前の順番に気をとられることが多いのですが、点前の流れや動きのひとつひとつは、すべて理にかなった無駄のないものだ、ということを痛感します。ひとつひとつの動きに心を込めること、上手下手は関係なく、お茶を差し上げる相手を思い、心を尽くして行うこと、そういう気持ちを忘れないことが、何より大切だという師匠の言葉の重みを感じています。

　仕覆作りも同じではないでしょうか。ずっと大切にしてきた思い出の品、次の世代に大事に残したいもの、お世話になった方へのプレゼントなどに仕覆を付けることもあるでしょう。仕覆作りにおいて、それらの品々を大事に扱う、より引き立つ布を見つける、形にぴったりと合う型紙を作る、ひと針ひと針を丁寧に縫う、どの工程においても心をこめて作ることが何より大切です。そうすればおのずと出来上がりにその思いが表れると信じます。もちろん、その逆もしかりですので、茶の湯の稽古の度に、初心に返り自分をいましめたいと思います。

仕覆作りの道具と
基本の縫い方
tools and sewing basics

私の経験から「使いやすい・作りやすい」と思ったアイテムです。
手工芸品制作の道具を扱っている大きな百貨店などで
入手することができます。ネット販売も充実していますが、
道具の手馴染みや使い勝手などを確認してから購入するとよいでしょう。

ふとん綿

細い紙テープ
障子紙などを6ミリ幅にカット

仮縫い用布

真綿

アイロン台

ニッパー

アイロン
手芸用のベビーアイロン
が使いやすい

コテアイロン
2種

tools_2.
採寸と製図の道具 measuring tools

和紙
底を作るのに必要
厚いもの
(ハガキ2枚程度)と
薄いもの
(ハガキ1枚程度)の
2種類

紙テープ
4センチ幅で、
60センチ長

三角定規
角の目盛りが
0のものを用いる

コンパス

カッター

製図用の紙
コピー上質紙など

**メンディング
テープ**
無地で
1〜1.5センチ
程度の幅

鉛筆

紙切り用ハサミ

消しゴム

分度器
作るものによって
必要になる

定規
20センチ、30センチ

作業用台紙
厚さ約2ミリ
程度の厚紙

基本の縫い方
sewing basics

仕覆作りに必要な基本の縫い方です。種類が少ないので、名称を覚えて
縫い方のコツをつかめば、実際の作業をする時に、スムーズに進められるようになります。
リズムを大切にして、ひと針ひと針丁寧に進めましょう。

❶ 縫い始めの糸どめ（布に負担の掛からないとめ方）

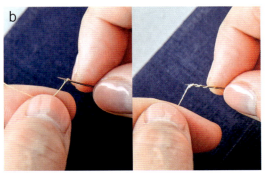

a.針を指し1.5ミリほど進み針を手前に出す。

b.左手人差し指の腹に糸をのせ、針先で糸の間を割り、らせん状に2、3回巻きつけながら糸を割る。

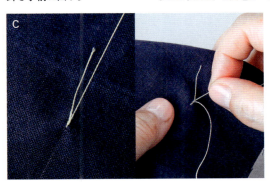

c.糸を引いた後、縫い始めの場所に針をもう一度通す。

Makiko's eye

❶も❷も玉どめのように厚みが出ず、布とこすれません。長く使用する仕覆の耐久性を高めるための先人の知恵です。

❷ 縫い終わりの糸どめ

最後の縫い目から1ミリほど戻ったところに針を入れ、縫い終わりに針先を出す。
2本の糸の方を針に掛けて引き抜く。

❸ ぐし縫い

❹ 星どめ

ひと針ひと針垂直に入れて、垂直に出す（間隔は3ミリ程度）。

布の裏から針を抜いたところから、1ミリ弱戻って裏に通し、次の目に針を出す。縫い目が等間隔の点（星）になるように。

❺ 胴突き半返し縫い

表側

裏側

縫い目の半分戻ったところに、針を垂直に刺す。

裏に渡った糸の間に針を刺し通す（胴を突く）。

そこから3ミリ程度進み表に針を出す。

〈出来上がりの写真〉

表から見たところ　　　裏から見たところ

基本の作り方
how to make

採寸と型紙作り
measuring & a pattern making

仕覆作りは、包みたいものの採寸から始まります。
「採寸がすべての鍵を握る」と言ってもいいかもしれません。

大切なことは、
「作りたいものの大きさを、正確にきっちりと測る」こと。
採寸した数字を基に型紙を起こして、
それを基にまずは仮縫い用の生地を裁断して
縫っていきます。
仮生地での袋がぴったりと合えば、
型紙が正確に作られているという証拠です。

たいへんそう！ と感じる方もいらっしゃると思いますが、
仮縫いは、美しい仕覆作りにおいてとても重要な行程です。
根気や忍耐も必要ですが、
「世界にたったひとつのオーダーメイドの袋」
が完成するよう、
丁寧に分解しながらやさしく解説していきます。

形がシンプルで、高台も大きく作りやすい
スタンダードな姿の茶碗を例にご紹介していきましょう。

Makiko's eye
茶道具の仕覆を作る際には、
時代を経た貴重な生地を使うことも多いことから、
仮生地による仮縫いでサイズを確認します。
思い出のある生地でも同じこと。
綺麗な仕覆作りのためにがんばりましょう！

まず、仕覆の各部位の名称です。

打留（うちどめ）
つがり糸
袋口（ふくろぐち）
紐（緒）
ダーツ
つばくろ口
露（つゆ）
胴
脇
底

正面

今回仕覆を作るお茶碗。

茶碗提供／阿曾美術（斑唐津 西岡良弘作）
P106で詳しくご紹介しています。

Makiko's eye

紙テープは、幅4センチ、長さ60センチの、やや透け感のある細長い紙（柄のない包装紙など）で事前に作っておきましょう。メジャー替わりです。都度、鉛筆の印を消して使用します。

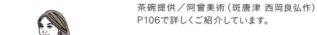

採寸と製図の道具（P68）で
ご紹介した紙テープを使います。

茶碗のサイズを測っていきましょう。

1 全周——435ミリ

口の一番広い部分一周の長さを測る。

2 側上（がわうえ）——371ミリ

口から高台を通る一周の長さを測る。

3 高さ——75ミリ

直角二等辺三角定規を垂直にあて、一番高い部分を測る。

4 腰の寸——58ミリ

3の定規をあてたまま、もうひとつの定規の先を高台にあて、茶碗に接するまで持ち上げ、交点までの高さを測る。

5 側下（がわした）——65ミリ

4の交点（腰の寸）にメンディングテープで印を付け、紙テープを側面にそわせながら高台外側までを測る。

6 底径（そこけい）——60ミリ

高台の外側の一番広い直径を測る。

7 弦——24ミリ

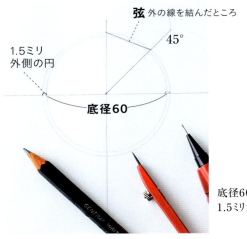

底径60ミリの円を描く。
1.5ミリ大きい円も描く。

（単位ミリ）
1. 全周——435　　2. 側上（がわうえ）——371　　3. 高さ——75　　4. 腰の寸——58
5. 側下（がわした）——65　　6. 底径（そこけい）——60　　7. 弦——24　　この茶碗の実寸で計測しています。

【型紙を作るための計算式】

（全周 435 ＋ ゆるみ 6〈定数〉）÷ 2 ＝ 220.5　　切り上げて 221ミリとする
　　　　　　　　　　　　　　　　　　　　　　　　——計算後を **a**

（側上 371 － 口のあき 15〈定数〉－ 底径 60）÷ 2 － 側下 65 ＝ 83ミリ
　　　　　　　　　　　　　　　　　　　　　　　　——計算後を **b**

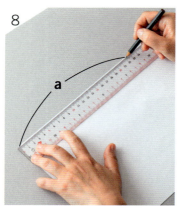

横向きのA4用紙の左角から計算後の**a**221ミリを上下測る。

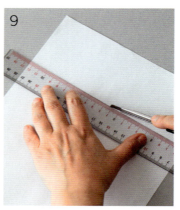

aで測った位置で、上下をカッターで切り落とす。

4つ折（びょうぶ風）にたたむ。

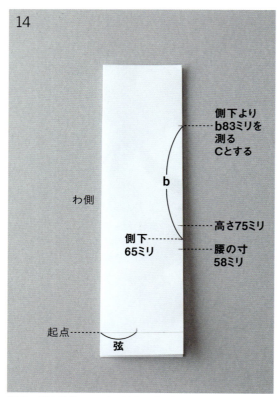

起点の線を基準に、下から**腰の寸**―**側下**―**高さ**の低い順に印を付けていく。
側下の位置から**b**83ミリを測って印を付ける。……**C**とする

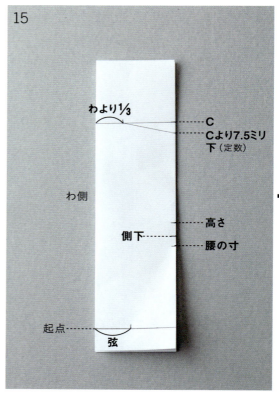

Cから起点の線と平行に線を引き、わより1/3の位置に印を付け、**C**から7.5ミリ（定数）下の位置と結ぶ。

11
下から1センチ位のところに1か所コンパスで穴を開ける。

12
紙を広げ、穴を結んで線を引く。
……**起点の線**

13
紙をたたみ、わ側から、**12**の線上に**7**で測った弦24ミリの位置に印を付ける。

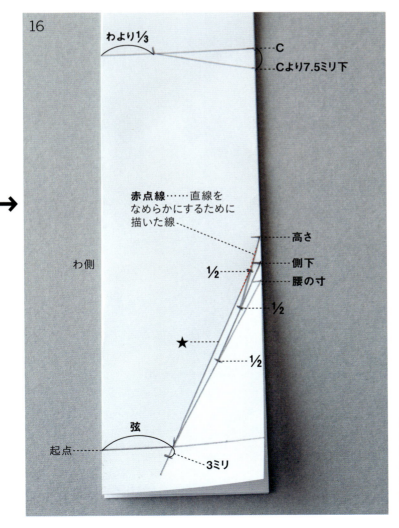

16

弦と腰の寸を結び、
その$\frac{1}{2}$と側下を結び、
さらにその$\frac{1}{2}$と高さを結び、
その$\frac{1}{2}$と弦を結ぶ。……★
その線の延長線上に弦から
3ミリのところに印を付ける。

17

★の延長線3ミリの印と、わ側の起点の位置が結べるようにコンパスを合わせて弧を描く。

18

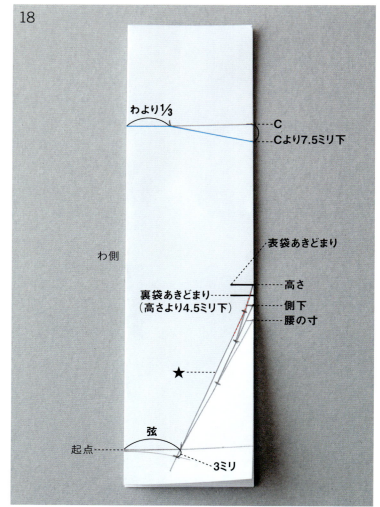

高さより4.5ミリ（定数）下に、裏袋のあきどまりの印を付ける。
高さは表袋のあきどまりとなる。

Makiko's eye
紙を折ったり切り落としたりする際、
ずれないように丁寧に行い、
正確な型紙作りを目指しましょう。

19

17の弧の線（底の部分）、18の型紙の一番内側の★線に沿って切る（胴の部分）。

20

18の青色の線に沿って、袋口を切る。

21

表袋、裏袋のあきどまり2か所を切り、浅くななめに切り込みを入れておく。

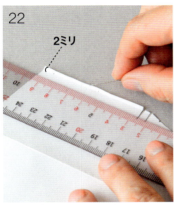

22

紙を広げ、両端の2ミリ内側に、マチ針などで折り目を付けておく。

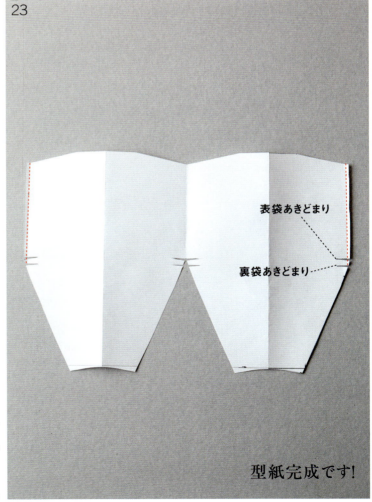

23

仮縫いと裏袋作りでは、赤点線部分（22で付けた折り目）で折り込んだ大きさの型紙を使用する。表袋では折り込まない。

型紙完成です！

仮縫い
a first fitting

作った型紙を基に、仮縫い用の生地を裁ち縫っていきます。生地は、木綿が縫いやすいでしょう。針は、メリケン針No.9と絹手縫い糸9号（P66参照）を使います。縫う時の糸は、基本1本取りです。

1　両脇2ミリ内側の型紙に沿って、チャコペンで印をつける。

2　仮縫い用の布を裁つ。

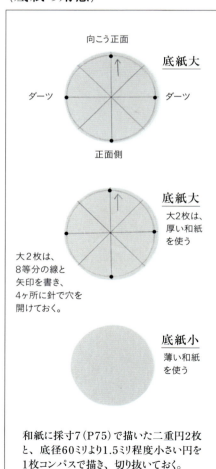

〈底紙の用意〉

底紙大

向こう正面
ダーツ　　ダーツ
正面側

底紙大
大2枚は、厚い和紙を使う

大2枚は、8等分の線と矢印を書き、4ヶ所に針で穴を開けておく。

底紙小
薄い和紙を使う

和紙に採寸7（P75）で描いた二重円2枚と、底径60ミリより1.5ミリ程度小さい円を1枚コンパスで描き、切り抜いておく。

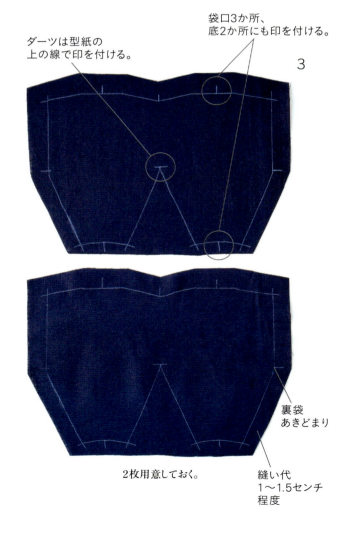

3　ダーツは型紙の上の線で印を付ける。

袋口3か所、底2か所にも印を付ける。

2枚用意しておく。

裏袋あきどまり

縫い代1〜1.5センチ程度

ダーツを手前からぐし縫いする。
P69〜70を参照。

中表に布を合わせ、両脇をぐし縫いする。

ダーツの縫い代を約1センチ残し切る。

ダーツと両脇を手アイロンで割る。

底紙大を向こう正面側①からくくり付ける。

①の穴から針を刺し、脇の縫い始めから1.5ミリ程度入ったところに入れ、2回通して紙側で固結びする。

②③も同様にくくり付ける。
④は糸を長めにし同様に固結びした後、糸は切らずにそのままにする。

④から、内側の円に沿って3ミリ程度のぐし縫いで底紙を付ける。
P82の**11**も参照。

81

11 縫う方向に注意！

12 底を1周縫い、最後は紙側で玉どめする。

13 つばくろ口と袋口を、チャコペンの印に沿って手アイロンをかけ、折り目を付ける。(つばくろ口の縫い代の上に袋口の縫い代がかぶさる)

14

カタン糸(木綿)を2本取りして正面側(左)から、
上から3ミリ程度の場所から、袋口1周を大き目にぐし縫いする。
※針は、もめんえりしめを使用。

15

Makiko's eye

ゆるみなど、修正が必要な場合は
ここで型紙を作り直します。
さらにもう一度仮縫いを行いましょう。
少し大変かもしれませんが、
ここで丁寧に対応しておくことで
美しい仕覆になるので頑張って！

器を入れて糸を絞り、結ぶ。

16

口の開き具合は、ちょうど良いか？　きれいな円になっているか？
胴回りのそい具合にだぶつきはないか？　きつすぎないか？確認する。

※仮縫いで付けた底紙は、サイズが確認できたら外しておく。
裏袋の底付けの作業で使う。

本縫い
裏袋作り
making a lining

いよいよ、本縫いに入ります。
裏袋は、仕覆の内側でまとわせて
しまえば見えなくなりますが、
紐を解いた時に道具と共に現れる
その色合い、紐や表生地との
取り合わせがひとつの見せどころです。
本縫いで使用する絹手縫い糸は、
布の色に馴染む色を使いましょう。

※この本では、わかりやすい色の
糸を使用しています。

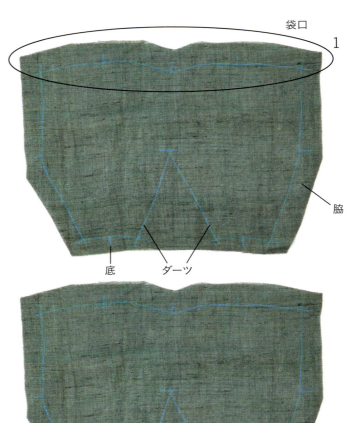

裏袋用の印をチャコペンで
描いてから布を裁つ。底は直線に裁つ。
縫い代は目安として、袋口は1.5センチ程度、
脇と底は1センチ程度に。

本縫いでは、縫い始めと縫い終わりは、補強のため必ず2度縫いする。
まずダーツ2か所を胴突き半返しで縫い、中表に布を合わせ、
脇1か所も同様に縫う。P69〜70を参照。

Makiko's eye

縫い目は細かくし、
糸はつり気味にしっかり引いて
縫ってください。

3

ダーツの縫い代を1センチ程度残して切り取る。

4

先の細くなっているところは、できるだけ先端まで切り込みを入れる。

先端は、小さな糸切りバサミなどが便利！

5

ダーツ2か所と脇1か所の縫い目をコテアイロンで割る。

6

ダーツの先端はマチ針を入れて押さえ、爪でしごいて割り、コテアイロンをあてる。

Makiko's eye
コテアイロンを丁寧にかけることで、仕上がりが格段に違ってきます。

7

袋口とつばくろ口は、チャコペンの印に沿ってコテで折り目を付けておく。

8

残り1か所の脇を2と同様に、胴突き半返しで縫う。

チャコペンの線をより見やすくするために、
しつけ糸（1本取り）で袋口にしつけをかける（ぐし縫いで良い）。
袋口…表側の縫い目を長くする。

底も同様にチャコペンに沿ってぐるりと
一周しつけをかける。
底…9とは逆に裏側の縫い目を長くする。

袋口、底のタテの線も、糸印が十字になるようにしつけをかける。

コテアイロンで8の脇を割る。

7で折り目を付けた部分を折り、コテアイロンでしっかりと押さえておく。裏袋のつばくろ口の縫い代は、袋口の縫い代が上にかぶさるように折り込む。

底付け
sewing the bottom

裏袋に底を付けていきます。
円を縫い付けるのが
難しいかもしれませんが、
手順を分解しながら説明していきます。
底紙（仮縫い生地から外したもの）には、
事前に裏布をのり付けしておきましょう。
完全に乾かしてから使います。

〈底紙の準備〉

底の型紙と裏布をのり付けする。
のりを水で薄めて布に伸ばし、
型紙を貼り付ける。この時布が
よれないように注意する。
紙にはさんで、終日乾かす。
乾いたら型紙の大きさに合わせて、
余分な布を切り落とす。

1

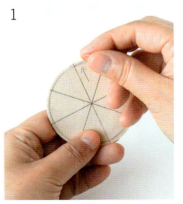

①〜④の4ヶ所にマチ針で穴を開ける。

2

①の穴に針を通し、脇の縫い目のひと目とふた目の間の
すっと通る場所に針を入れる。

87

3

針を2回通して紙側で固結びする。
②③も同様に布にくくり付け固結びする。

4

④は長めの糸を用意して、同様にダーツに2回縫い付けて固結びし、糸を切らずに、そのまま縫い始める。

Makiko's eye
④から②へ縫い始める理由は、一周すると最後の方がつれることがあるので、②の正面側を早い段階で縫ってよりきれいに仕上げるためです。

5

底のしつけの糸印が底紙の縁にくるようにしっかり持ち、底紙の内側の円周に沿って、胴突き半返しで縫い付けていく。
①〜④のそれぞれの場所のひと目手前の目は、補強のために2度縫いし、通り過ぎた直後のひと目も2度縫いする。

6

底付けの終わりは紙側で玉どめする。

Makiko's eye
縫い付ける時は、ずれないように針を垂直に出し入れしましょう。

底の縫い代に細く切り込みを入れる。
真ん中を切り、その間を3〜4等分する。
縫い代は6ミリ程度に切りそろえる。

切り込みの2つの根元を持って、間を破らないように注意しながら全体を放射状に広げる。

底の縫い代を落ち着かせるために、コテアイロンをしっかりとあてる。
底のしつけ糸は取っておく。

脇とダーツをコテアイロンで割り、根元をしっかりと立ち上がらせる。

仮縫いと同様に、袋口はカタン糸の2本取りで大き目にぐし縫いする。
P82 **14**を参照。

器を入れて糸を絞り、結んでおく。

口の開き具合や、胴体のそい具合をチェックする。口の開きは、直径1.5センチほどが適当。

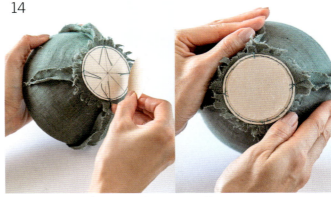

底紙小をのりで貼り付け、器を袋に入れたまま乾かしておく。
その際、結んだ糸の端などはのりで中に入れ込む。

89

表袋作り making a cover

縫い方の手順は、裏袋と同様です。
表布は大切な布や、貴重な布を使うことも多いので、慎重に扱いましょう。
仕覆の顔となる正面側の柄合わせのことを中心にご紹介します。
底の柄にも気を配り、底紙（P80参照）にのり付けしておきます。
出来上がりを想像しながら丁寧に進めましょう。

右下のくりぬいた部分は、今回仕覆の底で使用。

Makiko's eye
正面になる生地の柄合わせが大事！　この生地では
花の模様が左右でつながるように注意して生地を裁断。

表地に選んだのは、幕末の和更紗です。

桃山から江戸時代にかけて、インドや中国、ヨーロッパから渡来した布には、
華やかな草花や珍しい動物など、エキゾチックな文様が描かれていました。
その文様と鮮やかな色使いに、当時の日本人は大いに驚き、憧れて、
日本でも、そのような美しい布が作れないかと、試行錯誤をしたのではないでしょうか？
この和更紗には、ざっくりとした木綿生地の全面に花模様がほどこされています。
よく見ると、どの花も、すべて茎の側から見たところ。
日本の家紋の梅紋などにも、"裏梅""横梅"といった、表側だけではない
洒落た図柄が存在します。日本らしさを表現したい、と考えた職人の心意気が
反映されているのかもしれません。布の端には、明るい色彩の縞模様が
描かれていることも驚きで、仕覆の底にあしらってみました。

1

4.5ミリ

Makiko's eye
表布は、チャコペンで印を付ける際に、
袋口を4.5ミリ引き上げるのを忘れないで！

正面側の柄合わせに注意して、
裁断する場所を決めて、型紙をおく。
脇、ダーツ、底の印をチャコペンで付け、
袋口部分は、型紙を4.5ミリ引き上げて、
印を付ける。袋口の縫い代は1.5センチ程度、
底と脇は1センチ程度残して、裁断する。

2

裏袋

裏袋作りの工程（P84-89）と同じように底付けまで行う。ただし、表袋作りでは、
表布を中表に合わせて脇を縫う際（裏袋作りP84 2）に、正面側の脇を最初に縫う。
これは、輪の状態になる前にアイロンをあて、正面をより綺麗に仕上げるため。
袋口とつばくろ口の縫い代は、裏袋（P86 13）とは逆に、袋口の縫い代が下になるように折り込む。

3

裏袋の底紙にのりを付け、表袋の底紙と貼り合わせる(両脇とダーツがきっちり合うよう注意)。

4

ダブルクリップで8か所ほどとめ、のりが乾くまで1日置いておく。ダブルクリップが表と裏の布をかみ過ぎていないか、きれいな円になっているか注意!

〈底付けの方向〉

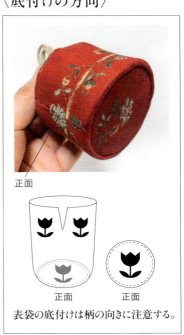

表袋の底付けは柄の向きに注意する。

Makiko's eye
底の柄の取り方にも気を配ると、楽しみが広がりますよ!

綿入れ spreading the cotton

表袋ができたら、いよいよ綿を入れていきます。綿が入ることで、
仕覆の全体像がぐっと見えてくるので、作業もはかどるはず。ふんわりとした雰囲気が
何とも愛らしく、ここまでくると愛着が増してくるのではないでしょうか。

1

真綿（シルク）とふとん綿、真綿紐を用意する。
紐は、真綿を伸ばしながら紐状によっておく。
真綿を表袋の裏側に薄く全体になじませるようにすみ
ずみまで伸ばす。

2

真綿の上に、全体をおおうようにふとん綿をのせる。
ふとん綿の厚みは、やや透けて見える程度に引き伸
ばし、マチ針を3か所に打つ。

3

つばくろ口から袋口にかけて、綿をしっかりととめるよう
にぐし縫いでしつけをかける。しつけ糸は表側から玉
どめして縫い始める。

4

ふとん綿にしつけをかけた状態。

Makiko's eye

表側の生地に縫い目が出てしまうことがあるので、片側ずつ丁寧に確認しながら進めましょう!

5

表袋用の縫い糸で、脇の開きどまりのすぐ下から底に向かって縫い始める。針を入れ少し戻ってまた針を進める(星どめに近い縫い方)。綿側の縫い目を長くする。

6

底部分は、綿と底の縫い代(切り込み部分の表布・裏布)を一緒に合わせて表側から、裏側からと交互に縫い、もう片側のあきどまりまで縫い付ける。

7

脇の縫い代部分の綿を整える。
綿が重なるとその部分が厚くなるので、内側の綿をすいて自然になじむようにする。

8

細くよった真綿紐を、表袋底の縫い代のきわに置くように巻きつける。※あまりきつく巻きつけると真綿紐がつってしまうので注意。

2周巻いて固結びする。その際、ほどけないように
2回糸をかけ通して固結びする。
余った糸は手でちぎりなじませる。

底部分の綿も表布側に自然になじむように整える。

表布と裏布の脇を、底からあきどまりまで
きっちりと合わせ、表布側からマチ針でとめる。

表袋をひっくり返し、裏袋とすみずみまで丁寧に
なじませ、袋口の余分な綿を取り除き整える。

13

袋口の角は、表布と裏布を
かみ合わせるように入れ込む。
裏袋は表袋から少し内側に
ひかえて付ける。

表袋と裏袋の袋口を合わせ入れ込む。
マチ針を細かく打ち袋口をとめ付ける。

14

表側の袋口から3ミリ程度の所に、
細かい目でしつけをかけ、玉どめする。

15

これで綿入れが完了。

つがり糸

紐を付ける
attaching the string

仕覆作りの最後の工程です。
紐付けは、紐を通すための
つがり糸を仕覆に
縫い付けていく作業です。
太いふとん針を使うので、
少し力が必要になりますが
慣れればリズム良く進められます。
紐は、器の種類や大きさによって
使いわけます。
この本では、茶碗紐を用います。

〈紐付けの準備〉

つがり糸を針に通す

❶つがり糸を、紐からはずし、湯の蒸気でクセを伸ばす。玉結を切り、端から3センチ程度のよりを指でほどき、マチ針3本を使って糸をほぐす。

❷ほぐした糸を毛抜きですき、のりを付け、できるだけ細くした状態で、ふとん針に通して固め乾かしておく。細くすることで布に負担をかけずに作業できる。

紙テープを作る
（つがりの間隔を均等にするため）

❶障子紙などで6ミリ幅の紙テープを作り、センター3ミリのところにえんぴつで線を引く。

P67参照

紙テープは、
袋口の長さとぴったり
合わせたものを、
2本用意する。

❷線の入っている方を内側にして半分に折り、さらに半分外側に折り返す（1/4）。その長さを4等分して印を付け、マチ針で穴を開けておく。

❸紙を広げて穴を開けたところと折り目に印を付けておく。（針を出し入れする方向をわかりやすくするために交互に色を変えて印を付けても良い）。

1
まず、正面右側からスタート。つばくろ口から4ミリ程度のところ、表布の袋口から2センチ程度下がった場所に針を入れ、表布の山へ出す。

2
袋口から4ミリ程度下がったところに裏側から針を入れ、中のつがり糸を胴突きしながら表側へ針を出す。つがり糸が動かないかを確認する。

3
胴突きしてできた輪に針を通す。

Makiko's eye
太いふとん針の出し入れは、ニッパーを使うと楽にできます。

4
つがり糸をきつめに引き、ニッパーで交点をぎゅっとつぶす。

角がきれいな
正方形になるように。

5

6

紐の輪側

紙テープは表布の袋口の端に沿わせてマチ針でとめ、紐を用意しておく。つがり糸を裏側から紐にくぐらせ手前（裏）に出す。紙テープのひとつ目の印に針を手前（裏）から刺し、つがり糸を針に上からかけて引き抜く。

つがり糸を表側から紐にくぐらせ、向こう側（表）へ出す。紙テープのふたつ目の印に針を向こう側（表）から刺し、つがり糸を針に上からかけて引き抜く。

7

5、6と同様に、紙テープの印に手前（裏）から、向こう側（表）からと、交互に針を通し繰り返していく。慎重に丁寧に！

8

Makiko's eye
つがり糸が正確な間隔で付いていると、
器などを入れて紐を締めた時に
美しいひだができるので大事です！

正面側

紙テープの最後の印までつがり糸を付けたら、つがり糸にゆるみが出ないよう端から順に締めていく。
上や横から見て、均等な間隔でつがり糸が付いているかどうかをチェックする。

9

終わりは、まずつがり糸を表側から紐にくぐらせ向こう側（表）に出す（紙テープの端はずらす）。(袋口、つばくろ口それぞれから) 4ミリ程度のところに表側から針を刺すが、つがり糸は上から針にかけない。

10

つがり糸を角にひっかけ、つばくろ口から4ミリ程度のところに表布の山から針を刺し、中のつがり糸を胴突きする。

11

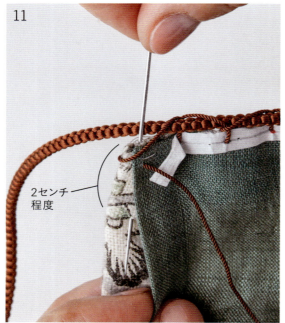

針は、表布の袋口から2センチ程度の場所に出し、つがり糸が胴突きされてしっかりと止まっているか、ひっぱって確認してから針を出す。

12

交点を4と同様にニッパーでつぶし、余分なつがり糸を切り落とす。

もう一方も同様に紐を付ける。袋口に均等な間隔で紐が付いているか、つがり糸が左右同じように締められているかをチェック。紙テープを丁寧に取る。

裏布用の糸で、つばくろ口を星どめする（P70④参照）。表側に糸が渡らないように注意しながら、細かい針目で均等な間隔で縫う。すべてのしつけ糸を丁寧に取りのぞく。

〈露のとめ方〉

裏袋側から、あきどまりのきわにつがり糸を刺し通し、裏袋側で固結びする。最後に、ニッパーで結び目をつぶす。1.5センチ程度の長さに切りそろえ、つがり糸の端を親指と人さし指でほどき飾り部分を作る。

4ミリ程度

表袋側

最後の仕上げ finishing touches

出来上がった仕覆が、綺麗に茶碗にそうように
仕上げていきましょう。丁寧にコテアイロンをあてて、
ひきつりやシワを取り形を整えていくことで、
美しい姿に変身します。

Makiko's eye
古い布は、水に濡らすと染みが
できることがあるので気を付けて！

1

器を入れ紐を締め、袋口のひだが等間隔の放射線
状になるよう整える。※先の細い棒などを使うと便利。

2

露、袋口の角、つばくろ口の星どめした部分をコテア
イロンで押さえる。

3

あたためたコテアイロンを濡れた布で
つつみ蒸気を立てる。蒸気を底や
脇、ダーツにあてる。

4

蒸気をあてた底、脇、ダーツにコテアイロンをかけ、ひきつりやシワを取る。

ひだは等間隔だと
綺麗に見えます。

ついに完成!

正面の花柄も
ぴったり!

今回作り方でご紹介した茶碗
斑唐津
作／西岡良弘

「お茶碗のことや古美術のお話を、阿曾美術の阿曾一実さんからいろいろと教えていただいています」という田中さん。阿曾美術へは知人の紹介で足を運ぶようになったといいます。今回この本のために、特別に田中さんへ貸し出してくださった茶碗は、西岡良弘さん作の斑唐津。「茶の湯にたずさわる人びとに愛される焼きもののひとつですよ」と阿曾さん。藁灰の釉薬が、焼成中にしっとりとした白色に変化するのですが、西岡さん独特のこの斑唐津は、淡くやわらかな薄紅色に窯変し、可憐な花のような風情をもたらすのだそうです。使いこむほどに、貫入（茶碗の表面の細かいひび割れ）が趣のある景色を生み出し、渋いながらも艶っぽさが出てくると伺いました。

この茶碗自体、阿曾さんご本人が気に入られて3年近く大切に使っていたもの。店内にしつらえた茶室「あそ坊」で、指導者として茶の湯の会も主宰しています。静謐でアカデミックな雰囲気の中で古美術作品だけでなく、さまざまな現代美術にも触れられるギャラリーです。

茶碗提供
阿曾美術
東京都中央区銀座3-3-12 銀座ビルディング5F
tel／fax 03-3564-2209
11:00-18:00（土日休　展覧会期間を除く）

取材：橋口恭子（camomille.co.Ltd.）

魅せる紐結び a way of tying SHIFUKU

「紐の結び方がよくわからないんです」というお声をしばしば耳にしています。
一見、複雑に見えますが、紐結びには一定の決まりがあり、
それさえ覚えれば、そんなにむずかしくありません。

1 常緒（つねお）
茶入や小棗などの小ぶりな仕覆の紐結び。

a. 茶入を入れる。

b. 紐を引く。

c. 右側の紐が上になるよう紐を交差させる。

d. 左側の紐を、交差した輪の中に、下から上に通す。

e. 両手でバランスを整える。

f. 左手の紐を右に折り、右手の紐を折り曲げている紐の上から通す。

g. バランスを整えて、やわらかく結んで完成。

107

2 休め紐
やす ひも

茶入を使用しない時に、
紐を傷めないように休ませる結び方。

a. 常緒の結び方（P107）の
a〜eと同じ。

b. 左手の紐を右手の紐の
輪の中にくぐらせる。

打留

c. くぐらせた紐を打留にかけて
形を整えたら完成。

a. 紐を両手で引く。

b. 右側の紐が上になるよう紐を交差させる。

c. 左上の紐を、交差した輪の中に、下から上に通す。

d. 左右の紐の長さが均等になるように両手で引く。

e. 左の紐を右側にふたつ折りにし、右の紐を手前から向こうに通して結ぶ。

f. 両手の親指と人差し指で左右のバランスを整える。

g. 右手の小指の紐を一番手前に出し紐を整えたら完成。

3 長緒(ながお)
茶碗などの大きめな仕覆の紐結び。

※写真 (d-g) では、右手小指に紐をかけていますが、
仕上げ (g) でその紐を一番手前に整え、結び易くするためです。
ほどく時は、その紐を引けば簡単にほどけます。
さまざまな方法がありますので、ご参考のひとつになさってください。

イメージを決めるのは、
器と紐と布との取り合わせ
a symphony of SHIFUKU

style_1. 友人の杯のためのセレクト

取り合わせを考える作業は、悩ましいけれど一番楽しい時間といってもいいかもしれません。
大切にしている器がより引き立ち、さらに愛着が増すものにするためです。
組み合わせを選ぶのは、私たちの顔や雰囲気に合わせて洋服を選ぶのと同じこと。
使う目的は、時期はいつか、自分で使うのか、プレゼントするものなのか、
とTPOを考えるのも同じです。どんな雰囲気に仕上げようかと
いろいろと試行錯誤するうちに、不思議とぴったりとコレ！と決めることができます。

Makiko's eye

正式な茶事などに用いる茶入の仕覆は、
道具の格や茶事のテーマに
ふさわしいかなどを考え、
ルールに則った布選びを心がけましょう。

友人から、大切にしている柿右衛門の杯の仕覆を依頼されました。可憐な草花の描かれた小さな白地の杯にはどんな布がふさわしいか、持ち主の雰囲気に合うかを考え、4種類の取り合わせを提案しました。布は、産地も色合いも異なりますが、いずれも杯と同じ花模様が入っていることにこだわりました。左上（P110）から時計回りに、白地立湧花文様の和更紗、青地に赤花のヨーロッパ更紗、地紋のある白地にばら模様のヨーロッパ更紗、鬼手のインド更紗です。そして、友人の選んだ青地のヨーロッパ更紗で可愛い仕覆が完成しました。

style_2. 友人の野点籠ためのセレクト
P18-23にグラビアがあります。

Makiko's eye
裏地は表地との色のバランスも
大事ですが、仕覆を開けた時に道具が
沈んで見えないように、道具の肌の色が
映える色選びが大切です。

梅紋小棗には、グリーン系、イエロー系2種の取り合わせを提案しました。グリーンの牡丹唐草の表地には裏地も2種類合わせています。

表地の模様の花の色、葉の色に合わせた紐を提案しました。ご自分の仕覆なら反対色など意外な組み合わせも面白いので、試行錯誤を楽しんでください。

もともと鬼手のインド更紗の仕覆が付いていたので(写真右)、同じく模様の異なる鬼手のインド更紗を提案しました。写真のように、実際に籠に付いた時、どのくらいの分量で模様があらわれるかイメージして布を選ぶのも大切です。

茶碗で提案したのは、ブルー系の和更紗です。どちらも淡い色合いのブルー系ですが、裏地や紐の色の取り合わせで印象が変わります。

骨董は我が家の小さなファインアート。
布は仕覆作りのベターハーフ。

column 4

　左頁の写真は、我が家のキャビネットです。色々なものがごちゃごちゃと満載で、お洒落なディスプレーとは程遠いのですが、あらためて見るといつの間にこんなに集まったのかとびっくりしています。コレクションのきっかけは、ある時豆皿の本を読んで、小さい中に意匠を凝らした世界があることに驚き、ひとつ手に入れたのが始まりです（P116中央の皿）。そこから古伊万里の器や蕎麦猪口に料理を盛ってみたいと思い始め、そうなれば美味しいお酒を楽しむグラスをと、暮らしの延長から骨董を集めるようになりました。もともと歴史が好きで、学生時代を過ごした京都では時間を見つけては史跡を散策し、美術館めぐりをしていました。骨董探しで多くの店をのぞくうちに、歴史と同じ長い時代を経たものが、今に至るまで無事に残されていて、手に取り愛でることができる、ということに感動しました。ハッとするほど斬新なデザインや造形、蒔絵や象嵌などの、繊細な手わざの粋を目の当たりできるのも嬉しく、夢中になりました。古い良い品物に触れていると不思議と心がなごみます。骨董は、我が家に欠かせない、小さなファインアートとなりました。

　一方、仕覆を作るようになってからは、布も集めるようになりました。骨董と同様、今では再現できないような手間ひまをかけて糸を紡ぎ、染織された古裂もまた、時代を経た柔らかな色合いや風合いが加わり、その魅力は尽きません。日本の色の名称には、恵まれた自然と四季の営みの中で育まれた繊細で美しいものがたくさんあるので、この古裂の色はどんな呼び方ができるのかと調べるようにしています。布の種類は産地や素材、時代によって本当にさまざまで、まだまだ詳しくないのですが、少しずつ興味を広げていこうと思っています。布を集めてもすぐに出番が来るとは限りませんが、作るものと布が出会うべくして出会ってベストマッチな仕覆を完成することができたら、それに勝る喜びはありません。まさに布は仕覆作りのベターハーフなのです。

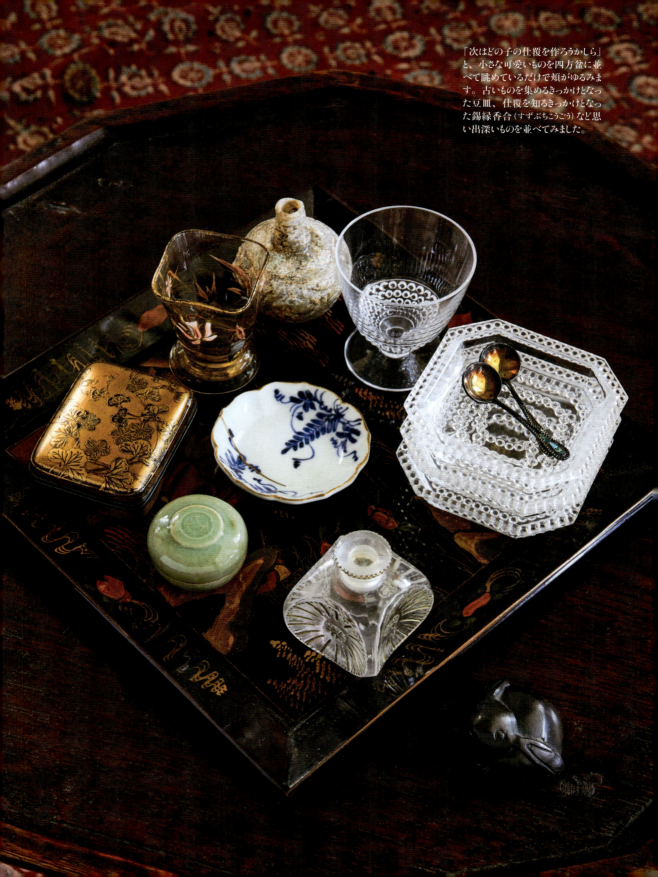

「次はどの子の仕覆を作ろうかしら」と、小さな可愛いものを四方盆に並べて眺めているだけで頬がゆるみます。古いものを集めるきっかけとなった豆皿、仕覆を知るきっかけとなった錫縁香合（すずぶちこうごう）など思い出深いものを並べてみました。

古裂(こぎれ)を見ていて飽きることがありません。気の遠くなるような手間をかけて紡がれた糸で織られた布、手描きの細やかな模様、ハッとするような斬新な意匠、色合い……。作り手や経てきた時の長さに思いを馳せながら。

shop list
この本でご紹介したお店です。

仕覆作りや、趣味で集めている骨董などを求めて
通っているお店と、本の中ではご紹介できなかった店も合わせて
リストでご紹介します。裂や古美術などお好きな方や
ご興味のある方に探訪いただければと思います。
かならず事前にお電話で定休日など、ご確認ください。

●書籍に登場した店

ルーサイトギャラリー【ギャラリー】
東京都台東区柳橋1-28-8
tel 03-5833-0936
http://lucite-gallery.com

阿曾美術【ギャラリー】
東京都中央区銀座3-3-12
銀座ビルディング5F
tel/fax 03-3564-2209
11:00-18:00（土日休　展覧会期間を除く）
http://www.asobi-jyutsu.jp

戀壺洞【骨董】
京都府京都市東山区新門前通西之町227
（不定休）
tel/fax 075-525-2121
HPなし

伊藤組紐店【組紐】
京都府京都市中京区寺町通り六角北西角
10:30-18:00（不定休）
tel 075-221-1320　fax 075-221-1311
http://www.itokumihimoten.com

GALLERY 啓【古布・古民芸】
京都府京都市中京区寺町夷川上ル
久遠院前町671-1
11:30-18:00（日祝12:00より）
（火・木定休）
tel 075-212-7114
http://gallerykei.jp

●おすすめ店

ギャルリー・グリシーヌ【西洋アンティーク】
東京都中央区銀座5-1 銀座ファイブ2F
10:00-20:00（不定休）
tel/fax 03-3574-6880
http://www.g-glycine.com

古裂古美術 蓮【古裂と古美術】
東京都中央区銀座6-3-17
悠玄ビル別館2F-B号室
要予約（日・祝定休）
tel/fax 03-6228-5318
http://kogire-ren.jp

古裂ギャラリーおおたに【古裂】
奈良県生駒郡斑鳩町法隆寺1-5-35
tel 0745-74-0652
営業は予約時のみ
HPなし

古民藝もりた【古裂・古民具】
東京都港区南青山5-12-2
tel 03-3407-4466
10:00-19:00（定休なし）
http://morita-antiques.com

田中真紀子さん、仕覆作りの旅に出る。

"The lovely hours" in KYOTO

古裂や骨董をも愛してやまない真紀子さんが、
日々の創作の材料やアイデアを求めて、
ふだん訪ねているという、京都のお店へ案内してくださいました。
真紀子さんのもの選びの目も、
とても参考になりそうですよ！

お供します

写真／内藤貞保
(bon photo service)

取材と構成／橋口恭子
(camomille co Ltd.)

江戸時代の審美眼が凝縮された
暮らしの古伊万里に出会える。
戀壺洞
【骨董】

当代の関川紳子氏は3代目のご主人、お父さま、お母さまが大切に
育んできた店を引き継いでいます。洗練された目利きの品揃えと
関川さんの魅力に惹かれて通う人も多く、田中さんもファンのひとり。

京都府京都市東山区
新門前通西之町227
不定休
tel/fax 075-525-2121

　宝塚出身の田中さんが、住まいの東京と実家を往復する合間に時間があるとかならず立ち寄るというお店のひとつ。江戸時代に制作されていた、はんなりとした佇まいの初期伊万里から柿右衛門式の伊万里、手にしっくりと馴染む大きさと使い勝手の良さが人気の伊万里蕎麦猪口など、多彩な古伊万里がそろっています。新門前通に面した戀壺洞の周辺は、京屈指の古美術ストリート。美術工芸品をあつかう店が多く立ち並び、その静謐さただよう街並みは見物がてらの散策道としても都の雰囲気をぞんぶんに享受できる界隈です。

　時に特別展も開催され「日常の暮らしの中で楽しめるような伊万里の食器展は人気がありますね」と関川さん。京都を訪ねた時、関川さんと仕覆や古伊万里について会話を交わすのが楽しみのひとつ、と田中さん。おふたりのお話は、もう止まりません！

「はっとする斬新な意匠や
ちょっとヘタウマな
模様に驚いたりほっこりしたり。
手の平にのるような可愛い
器との出会いが
たくさんあるお店です」

さりげなさと絶対的な存在感を放つ
手組みの美しい紐。
伊藤組紐店
【組紐】

伊藤 藍さん（写真左下）は、当代である伊藤正文さんのお嬢さん。
「すべてを把握しているのは父だけですが、父でさえ知らないことも、あるかもしれません。
うちの紐は、色柄も種類も多く、とても複雑なんです」と藍さん。

京都府京都市中京区寺町通り
六角北西角
10:30-18:00　不定休
tel 075-221-1320
fax 075-221-1311

　目を奪われるのは、正面に陳列された無数の紐の美しい色彩の世界。ここは江戸末期から続く「紐」を専門に制作する伊藤組紐店、寺町の一角に店を構えています。古くは、武家の刀の下緒や蚊帳の吊り紐などを作っていたといいます。今では茶の湯に関わる焼物師の茶碗を収める木箱用の織紐をはじめ、茶道や能楽などで使われる組紐類の受注生産をしています。昨今のさまざまなニーズにも対応して、真田紐の携帯用ストラップなどのライフスタイル雑貨も充実しています。確かな技術で製作される商品は、小さなものであっても、放つ色の美しさが際立っています。

　特に組紐は、仕覆制作には欠かせない存在で、紐がなければ仕覆は完成しません。紐と布の組み合わせでガラリと印象が変わるので、とても重要です。「ここの組紐は、ほんとうに鮮やかで深い色味が特徴なんです」と、田中さん。小さな店に広がる美しい紐の世界を、ぜひご堪能あれ。

「複雑で美しい色に染められた糸で
作られた紐が注文できます。
豊富なカラーバリエーションと、それぞれの紐に
奥ゆかしい名前がついていて
選ぶのが楽しくなります」

日本古来の布の美を世界へ発信
啓さんのテキスタイルストア。

GALLERY 啓
【古布・古民芸】

扱う布は、麻、芭蕉、藤など草木の繊維から手織りされた天然のもののみ。
「特に大切なのは糸作り。一本一本手でつなげて長い糸にしていく作業は気が遠くなります」
と啓さん。仕覆作りの布や、古い貴重な布を求めて海外からも多くの人びとが訪れる人気の店。

京都府京都市中京区寺町
夷川上ル久遠院前町671-1
11:30-18:00（日祝12:00より）
火・木定休
tel 075-212-7114

　主人の川﨑 啓さんが愛してやまない、江戸から昭和初期の布や骨董などを扱うGALLERY啓。アジア各国の布や民芸品を扱っている雰囲気ですが、商品はすべてメイド・イン・ジャパン。「そう感じていただけるなら成功ね！」とほほえむ啓さんです。若い頃は、レザーと古布を組み合わせたバッグやオブジェの作家。その活動の途中で、日本の古い布と「運命的にめぐり合った」のだと言います。
　「古い布の貴重性や卓越性を知って魅力に惹きこまれてしまって、それがお店を開くきっかけです」。
　江戸期の布は手染め・手作り糸で織られ、図柄はグラフィカルなものや縞、今見てもアバンギャルドなものまで多彩。麻で紡がれた農作業着や江戸町民がまとっていた木綿着物など種々の布の世界が店内いっぱいに広がります。「良質な手作り糸で作られた布の良さを、若い人や外国の方に知ってほしい」とwebやインスタグラムをバイリンガルで発信中です。

「すべてが手作業だった
日本古来の素朴な布がたくさん!
裂好きならたまらない空間で、
手で触りながら色や意匠など、
布の話を啓さんから伺うと
時間を忘れます」

おわりに

　私が仕覆作りに出会ったのは、ちょうど思わぬ病のため心身ともに落ち込んでいる時でした。薬の副作用で体調がすぐれない日々が続いていましたが、布と針を持ってひと針、ひと針ただ無心に縫う、それだけに集中していると、不思議とその時だけは不調を忘れ、身体が楽に感じられました。出来上がった仕覆を見て、気持ちも晴れやかに自然と笑顔になれたことを覚えています。ちょっと大げさかもしれませんが、仕覆作りに救われたと思っています。

　今回、本書で私の第1作や初期の作品を掲載していただきました。改めてそれらを眺めてみると、針目もふぞろいでつたない出来ではあるものの、基本に忠実に、まっすぐに仕覆作りに向き合っていた自分を思い出しました。余計なことを考えず、ただひたすら仕覆作りにまい進していた頃の自分の姿が浮かび、忘れかけていた当時の真摯な気持ちを思い返す良い機会となりました。

　仕覆に魅せられた理由を考えると、やはり、洋裁が大好きだった母の影響も大きいと感じています。母と一緒に布を買いに行き、好きな生地を選んで新しいワンピースを作ってもらうのが本当に楽しみだったこと、学校で友達からほめてもらって誇らしかったこと、それを伝えた時の母のうれしそうな顔、そんなささやかだけれど温かい情景を思い出しました。

色とりどりの布の端切れを母にもらっては、小さなポーチを手作りして友達にプレゼントし、喜んでもらえてうれしいと感じたのもそんな頃です。

　母が「娘に喜んでもらいたい」との思いで、私に似合う、世界でたったひとつの洋服を作ってくれたように、私も見る人、受け取った人に喜んでもらえる世界でたったひとつの仕覆を作りたい、そんな思いが原点だと感じています。"仕覆で包む"ということには、「ものを大切にする」という気持ちや「差し上げる方に喜んでもらいたい」という願いが込められていると思います。そして、「自分が受け継いだものを次の世代に大事に伝えていきたい」という思いなどの、さまざまな"心"が込められていることも、しっかりと受け止めて作っていきたいと強く思っています。

　そういった心は万国共通だろうと思います。いろいろな国の、いろいろな世代の方に、日本には仕覆という独自に育まれてきた素晴らしい伝統があることを、この本を通じて少しでも伝えられればいいなと思っています。

　仕覆作りをきっかけに、茶の湯や骨董、布などこれまで知らなかった分野にまで興味が広がり、新しい出会いがたくさんありました。こうして、大好きな仕覆の本を出版できることは、この上ない喜びです。この本を通じて、新たな出会いが広がることに、今からワクワクしています。

　最後になりましたが、本書発刊にあたり関わっていただきましたすべての方々に心よりの謝意を申し上げます。

田中真紀子

田中真紀子
Makiko TANAKA

兵庫県宝塚市出身。京都大学卒業後メガバンクに勤務し、海外広報などを担当。仕覆制作の指導を冨永眞喜江氏に受け、マキ仕覆教室で助手を務める。仕覆に魅了され、大好きな骨董や大切な器などに仕覆をまとわせ、日々の暮らしの中で楽しむことを提案、仕覆の素晴らしさを広く世界に発信したいと考えている。

Instagram：makikotanakamay

仕覆教室の問い合わせは、
メールでご連絡ください。
lifewithshifuku@gmail.com

staff

photographer
尾嶝 太 Futoshi OSAKO
（尾嶝写真事務所）

book design
金田一亜弥 Ami KINDAICHI
高畠なつみ Natsumi TAKABATAKE
（株式会社金田一デザイン）

editor
橋口恭子 Kyoko HASHIGUCHI
（株式会社カモミール）

proofreading
いしもとあやこ Ayako ISHIMOTO

illustration
真道　彩 Aya SHINDO(ashu)
別府麻衣 Mai BEPPU

special thanks
岩崎美穂 Miho IWASAKI
伊部美予子 Miyoko IBE
田中陽子 Yoko TANAKA

参考書籍
『仕覆ものがたり』（栁 順子著／里文出版）

世界にひとつの、心を包む袋
仕覆作りは茶道の楽しみ、暮らしの彩り　NDC594

2018年8月15日　発　行
2022年8月1日　第2刷

著　者　田中真紀子
発行者　小川雄一
発行所　株式会社誠文堂新光社
　　　　〒113-0033　東京都文京区本郷3-3-11
　　　　電話 03-5800-5780
　　　　https://www.seibundo-shinkosha.net/

印　刷　株式会社大熊整美堂
製　本　和光堂株式会社

©2018, Makiko TANAKA．　Printed in Japan
本書掲載記事の無断転用を禁じます。
落丁本・乱丁本はお取り替えいたします。

本書に関するお問い合わせは、小社ホームページのお問い合わせフォームをご利用いただくか、上記までお電話ください。

JCOPY　〈一社〉出版者著作権管理機構　委託出版物
本書を無断で複製複写（コピー）することは、著作権法上での例外を除き、禁じられています。本書をコピーされる場合は、そのつど事前に、〈一社〉出版者著作権管理機構（電話 03-5244-5088／FAX 03-5244-5089／e-mail：info@jcopy.or.jp）の許諾を得てください。

ISBN978-4-416-61872-1